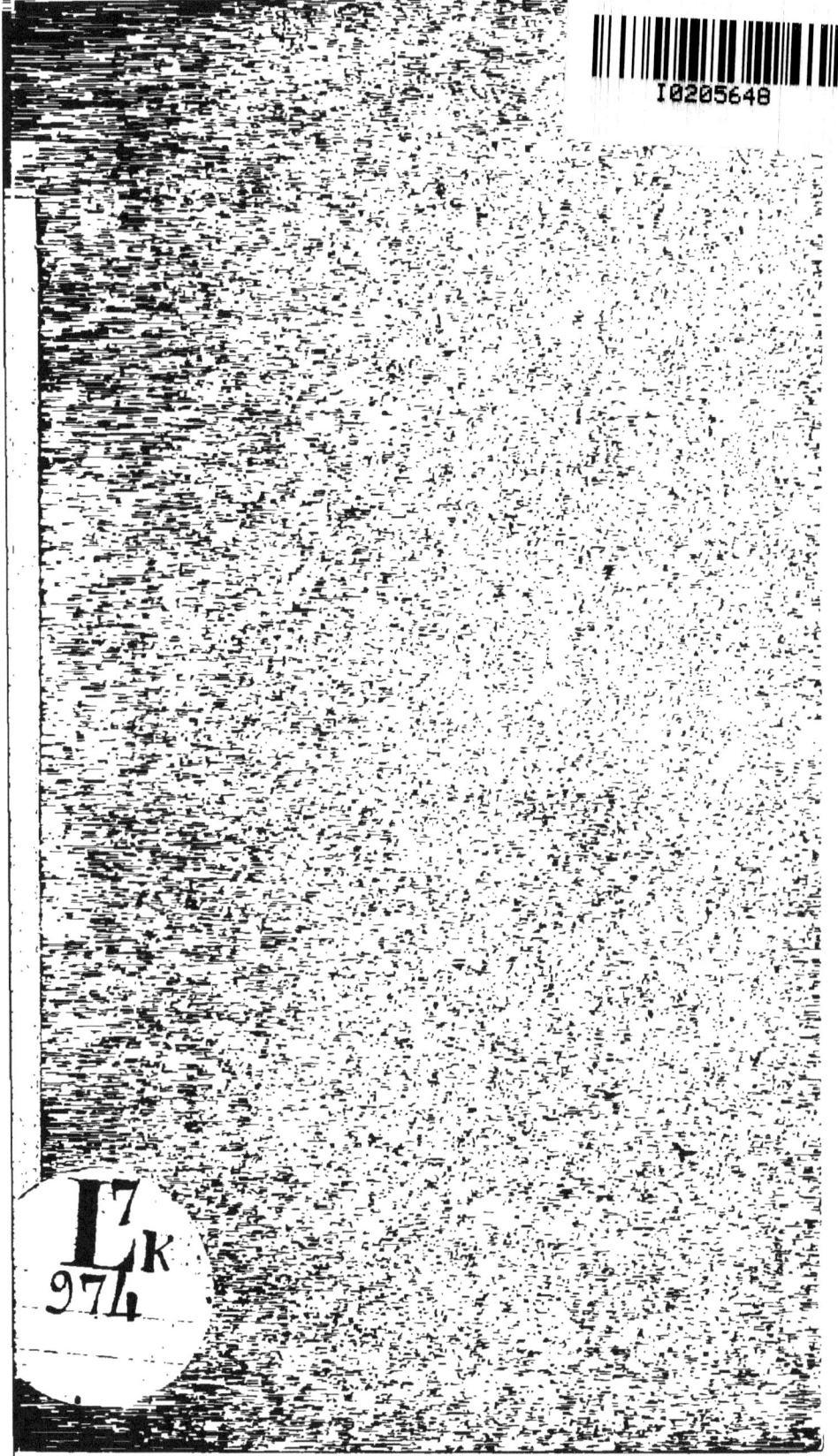

7
Lk 974.

NOTICE HISTORIQUE

SUR

NOTRE-DAME DES JACOBINS

DE BESANÇON.

NOTICE HISTORIQUE

sur

NOTRE-DAME DES JACOBINS

OU DES DOMINICAINS

DE BESANÇON.

BESANÇON,

CHEZ TURBERGUE, LIBRAIRE.

—

1852.

NOTICE HISTORIQUE

SUR

NOTRE-DAME DES JACOBINS

ou des Dominicains de Besançon.

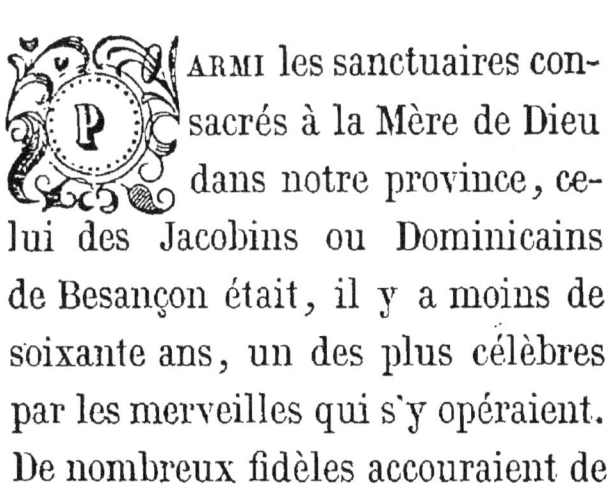

Parmi les sanctuaires consacrés à la Mère de Dieu dans notre province, celui des Jacobins ou Dominicains de Besançon était, il y a moins de soixante ans, un des plus célèbres par les merveilles qui s'y opéraient. De nombreux fidèles accouraient de toutes parts, pour y vénérer le portrait miraculeux de la Vierge Marie, dont la miséricordieuse intercession leur obtenait du Ciel les faveurs les plus signalées. Les malades venaient implorer leur guérison; les affligés une trêve à leur douleur: et nul ne s'en retournait sans avoir éprouvé un soulagement jusqu'alors inespéré. Ceux qui avaient contemplé un instant l'image bénie, croyaient la voir s'animer à l'accent de leur prière, et, puisant un suprême espoir dans la tendresse de son sourire et la gracieuse majesté de ses traits, ils osaient adresser à la Mère de Dieu des demandes indiscrètes et audacieuses selon les incrédules, mais seulement confiantes et filiales pour celui qui croit, car il se souvient de cette divine parole : « Tout » est possible pour qui a la foi ! » (*Saint Marc*, IX, 22.)

Ce pieux concours ne fut interrompu que par une de ces calamités qui bouleversent les empires. Pendant les saturnales de 1792, le culte public de Notre-Dame des Jacobins sembla tomber dans l'oubli ; mais jamais le peuple de Besançon ne lui adressa en secret de plus ferventes prières ; ce fut, sans doute, sa toute puissante protection qui préserva presque entièrement la ville de la rage des bourreaux qui régnaient alors sur la France.

La sainte Image, objet d'un culte si touchant, avait été donnée aux Dominicains de Besançon par le chanoine Claude Ménestrier. Son origine miraculeuse étant généralement peu connue, nous croyons que la relation historique de cet événement aura quelque intérêt pour les serviteurs de Marie. Heureux serions-nous de ranimer par ce simple récit le culte de la Vierge, tant priée par nos pères sous le nom de Notre Dame des Jacobins !

Claude Ménestrier, né à Vauconcourt, près Jussey, en 1580, fils d'un pauvre cultivateur, fut emmené en Espagne par un seigneur de ce pays. Abandonné ensuite de son protecteur, il partit pour Rome, où il fit ses études avec succès. Ayant reçu les ordres sacrés, il obtint différents bénéfices, entre autres un canonicat à Sainte-Madeleine de Besançon. Le cardinal Barberini en fit son bibliothécaire, et le chargea d'aller en France, en Espagne et dans les Pays-Bas, recueillir des tableaux et des objets d'art. Comme il revenait à Rome, le vaisseau qui le portait fut assailli par une violente tempête, et le capitaine déclara qu'il fallait jeter tous les bagages dans la mer afin d'alléger le navire. En un instant, Ménestrier vit engloutir par les flots les plus belles productions des immortels génies qui ont illustré les beaux-arts. Cependant le danger devenait de plus en plus imminent, et bientôt il ne resta plus aux passagers aucun espoir de salut. Fidèle à son noble ministère, le saint prêtre répand autour de lui les consolations : il essaie de faire renaître l'espérance dans les cœurs abattus ; et, donnant le premier l'exemple d'une confiance aveugle en la Providence, il se jette à genoux, il implore le Dieu des orages, par l'entremise de celle que la foi des matelots a surnommée l'*Etoile de la mer*. L'équipage, rendu fervent par le danger, mêle au bruit des vagues l'hymne des nautonniers ; et peu à peu les flots calmés et la tempête apaisée montrèrent une fois de plus que la très clémente Vierge Marie ne fut jamais invoquée vainement.

Le navire, sauvé miraculeusement, put enfin atteindre le rivage ; au moment de débarquer, Ménestrier aperçut à ses pieds un seul tableau échappé à la condamnation générale : c'était un portrait de la Vierge tenant son divin Fils dans ses bras. Il saisit ce reste unique, mais précieux, de ses trésors perdus, et l'emporta comme un gage inestimable de la protection de Marie. De retour à Rome, il envoya le tableau préservé du naufrage au couvent des Dominicains ou Jacobins de Besançon, ainsi que le témoigne l'inscription suivante, qui se lisait sur un des piliers de la chapelle dédiée à la Sainte Vierge :

CLAUDIUS MENESTRIER, CANONICUS BISUNTINUS, NAUFRAGIUM OCTODECIM A PORTUS MASSILIENSIS MILLIARIBUS ITALICIS PASSUS, ECCLESIASTICA SUPELLECTILI PLURIMA ANTIQUITATE COMMENDATA MONUMENTA ET PICTURARUM AB OPTIMIS PICTORIBUS SELECTA, CONGERIIS ET FLUCTIBUS QUASSATA, HANC UNICAM BEATÆ MARIÆ VIRGINIS EX TOTA SUPELLECTILI EFFIGIEM RECUPERATAM SANCTISSIMO ROSARIO VESUNTIONI DICAVIT, QUARTO KALENDAS DECEMBRIS ANNI DOMINI MDCXXXII.

En voici la traduction:

« Claude Ménestrier, chanoine de
» Besançon, ayant éprouvé un nau-
» frage à dix-huit milles italiques
» du port de Marseille, d'une foule
» d'objets pieux, précieux par leur
» grande antiquité, et de tableaux,
» ouvrages des plus excellents
» peintres, n'ayant recouvré que
» cette seule image de la bienheu-
» reuse Vierge Marie, l'a consacrée
» au très saint Rosaire, à Besançon,
» le 4 des calendes de décembre
» 1632 (28 novembre 1632). »

Les cinq vers suivants, naïf et touchant abrégé de l'histoire du bénit tableau, se lisent encore aujourd'hui au bas des images qui furent, il y a plus d'un siècle, gravées d'après ce précieux modèle, images que l'on conserve avec soin et que l'on vénère religieusement dans plusieurs familles anciennes de cette ville :

> Apprends, par cet ouvrage,
> Que la Mère de Dieu
> S'est tirée du naufrage,
> Pour t'aider en ce lieu
> Et t'offrir son suffrage.

La maison des Dominicains de Besançon avait été fondée dans les premières années de l'établissement de l'ordre, c'est-à-dire vers 1224 ; elle fut une des plus célèbres et donna à l'Eglise un grand nombre de saints et d'hommes illustres. Saint

Dominique venait d'instituer vers cette époque cette manière admirable de prier la Sainte Vierge, qu'on a depuis appelée *Rosaire*. Un succès immense couronna cette œuvre, et des associations, sous le nom de *Confréries du Rosaire*, s'établirent en France et dans tous les royaumes chrétiens. Les Dominicains de Besançon, désirant honorer la Sainte Vierge à l'exemple de leur saint fondateur, demandèrent et obtinrent la permission d'ériger une de ces confréries dans leur église, et aussitôt de nombreux associés s'enrôlèrent dans cette pieuse milice. Le culte de Marie s'y maintenait dans son état primitif, quand l'arrivée de la précieuse image redoubla la ferveur des fidèles ; sa présence fut bientôt une nouvelle source de bénédictions pour la ville et la province entière, et le nom de Notre Dame des Jacobins y devint une des plus douces et des plus consolantes appellations de la Mère du Sauveur. De fréquents miracles signalèrent la puissance spéciale du bénit tableau : le récit n'en a point été conservé dans des livres, mais la tradition populaire en garde un impérissable souvenir. Les vieillards peuvent se rappeler encore que la chapelle de Notre-Dame était enrichie d'une multitude d'*ex-voto*, témoignages authentiques et touchants de l'inépuisable tendresse de Marie pour ses enfants malheureux. Un seul miracle écrit est arrivé jusqu'à nous ; la relation historique en a été faite par un témoin oculaire, le R. P. Roset, dominicain.

En l'année 1757, un samedi, vers trois heures de l'après-midi, pendant que les Pères étaient au chœur, toute la partie antérieure de l'église tomba, sans que rien eût pu faire présager cet événement. Par un miracle éclatant, la chapelle de Notre-Dame fut préservée, et aucune des personnes présentes ne reçut la moindre atteinte. Aussitôt la communauté assemblée chanta le *Te Deum* pour remercier la très sainte

Vierge de sa toute puissante et visible protection. Au bruit du prodige, toute la ville vint se joindre aux religieux, et un chant de louanges et d'amour s'éleva vers le ciel. Les ressources des Dominicains ne leur permirent pas de rendre à leur église sa forme primitive; elle resta telle que nous la voyons aujourd'hui. L'image miraculeuse y fut vénérée jusqu'en 1790, époque de la suppression des ordres religieux. Elle fut alors transférée solennellement à Saint-Jean, qui venait d'être érigé en paroisse, et où de nombreux fidèles continuèrent à l'honorer. Pendant la Terreur, elle échappa par un nouveau miracle à cette tempête, plus furieuse que celle de la mer. Nous ignorons quelle âme pieuse eut l'insigne honneur de lui donner asile. A la réouverture des églises, elle se retrouva dans la chapelle où elle est encore à présent. Un illustre et saint prélat, dont la mémoire est à jamais bénie, décora son sanctuaire avec goût et magnificence ; il l'honora particulièrement, essayant de rallumer par son exemple cette foi simple et naïve en Marie qui s'affaiblissait parmi nous. Son digne successeur, si connu par sa tendre dévotion à la Mère de Dieu, a continué son œuvre. C'est à ses prières et au vœu échappé de son cœur que nous devons d'avoir été préservés naguère du plus terrible des fléaux.

Pour nous, à qui ont été donnés de si saints exemples et de si grands enseignements, y resterons-nous insensibles ? Si éloignés que nous soyons de la foi de nos ancêtres, nous ne pouvons avoir oublié celle qu'ils invoquaient dans leurs afflictions. Elle est encore au milieu de nous, prête à bénir et à consoler ; elle n'attend qu'un soupir de nos cœurs pour renouveler les prodiges qu'elle multipliait autrefois. Mère de ceux qui n'ont plus de mère, appui du vieillard abandonné, secours des faibles, santé des malades, messagère de grâce et de paix, espoir du monde, salut de tous, elle ouvre ses bras miséricordieux à toutes les infortunes. Mais c'est surtout pour ceux de ses enfants qui se sont écartés des sentiers de la vérité, pour courir après la vanité et le mensonge, qu'elle fait éclater sa tendresse. Médiatrice toute puissante auprès de Dieu, elle arrête sa vengeance prête à frapper les pécheurs, et leur envoie pour fléchir la justice divine les salutaires remords, précurseurs de la pénitence. Ils n'osaient prier Celui que leurs offenses avaient irrité : la Vierge compatissante entend leurs gémissements ; elle recueille les larmes du repentir pour les offrir à son divin Fils, et bientôt ses miséricordieuses sollicitations obtiennent aux coupables la grâce du pardon, sans laquelle ils resteraient ensevelis dans les ombres de la mort.

Quand, pareil au vent du désert, le souffle de l'incrédulité a détruit la foi en desséchant les cœurs, c'est encore Marie qui y fait redescendre cette lumière divine, et, avec ses célestes clartés, la charité et toutes les vertus. O vous, dont l'âme est tourmentée d'un indicible besoin de croire et d'aimer, et qui résistez encore aux impulsions de la foi, qui s'éveille en vous, venez aux pieds de Marie, elle est la reine des docteurs et des apôtres ; ses secrets enseignements jetteront la lumière dans votre cœur ; vous sortirez d'auprès d'elle forts pour résister à l'erreur, remplis de zèle pour la gloire de Dieu et de charité pour le bien de vos frères.

Et nous tous qui souffrons la misère de l'âme et l'infirmité du corps, pressons-nous autour de ses autels ; sa tendresse infinie compatit à toutes nos douleurs ; versons nos peines dans son sein maternel : nous y puiserons, en échange, la paix, la force et la joie.

O Marie, conçue sans péché, priez pour nous, qui avons recours à vous.

PRIÈRE FILIALE
DE
SAINT FRANÇOIS DE SALES
A la bienheureuse Vierge Marie.

Je vous salue, très douce Vierge Marie, Mère de Dieu, et vous choisis pour ma très chère Mère; je vous supplie de m'accepter pour votre fils et serviteur; je ne veux plus avoir d'autre Mère et maîtresse que vous. Je vous prie donc, ma bonne, gracieuse et douce Mère, qu'il vous plaise vous souvenir que je suis votre fils, que vous êtes très puissante, que je suis une pauvre créature, vile et faible. Je vous supplie aussi, très douce et chère Mère, de me gouverner et défendre en toutes mes actions ; car, hélas ! je suis un pauvre nécessiteux et mendiant qui ai besoin de votre sainte aide et protection. Eh bien ! donc, très sainte Vierge, ma douce Mère, de grâce, faites-moi participant de vos biens et de vos vertus, principalement de votre sainte humilité, de votre excellente pureté et fervente charité ;

mais accordez-moi surtout... Ne me dites pas, gracieuse Vierge, que vous ne pouvez pas, car votre bien-aimé Fils vous a donné toute puissance tant au ciel que sur la terre. Vous n'alléguerez pas non plus que vous ne devez pas, car vous êtes la mère commune de tous les pauvres enfants d'Adam, et singulièrement la mienne. Puis donc, très douce Vierge, que vous êtes ma Mère et que vous êtes très puissante, qu'est-ce qui pourrait vous excuser, si vous ne me prêtiez votre assistance? Voyez, ma Mère, voyez que vous êtes contrainte de m'accorder ce que je vous demande et d'acquiescer à mes gémissements. Soyez donc exaltée sous les cieux, et par votre intercession obtenez-moi tous les biens et toutes les grâces qui plaisent à la très sainte Trinité, Père, Fils et Saint-Esprit, l'objet de tout mon amour pour le temps et pour l'*Eternité*. Ainsi soit-il.

Que Jésus, Marie et Joseph soient loués et imités !

LE MEMORARE,

OU PRIÈRE DE SAINT BERNARD.

Souvenez-vous, ô très pieuse Vierge Marie, qu'on n'a jamais ouï dire qu'aucun de ceux qui ont eu recours à votre protection, imploré votre secours et demandé vos suffrages, ait été abandonné. Animé de cette confiance, ô Vierge, Mère des vierges, je cours et viens à vous; et, gémissant sous le poids de mes péchés, je me prosterne à vos pieds.

O Mère du Verbe! ne méprisez pas mes prières, mais écoutez-les favorablement, et daignez les exaucer.

Ainsi soit-il.

BESANÇON, IMPRIMERIE DE J. JACQUIN.

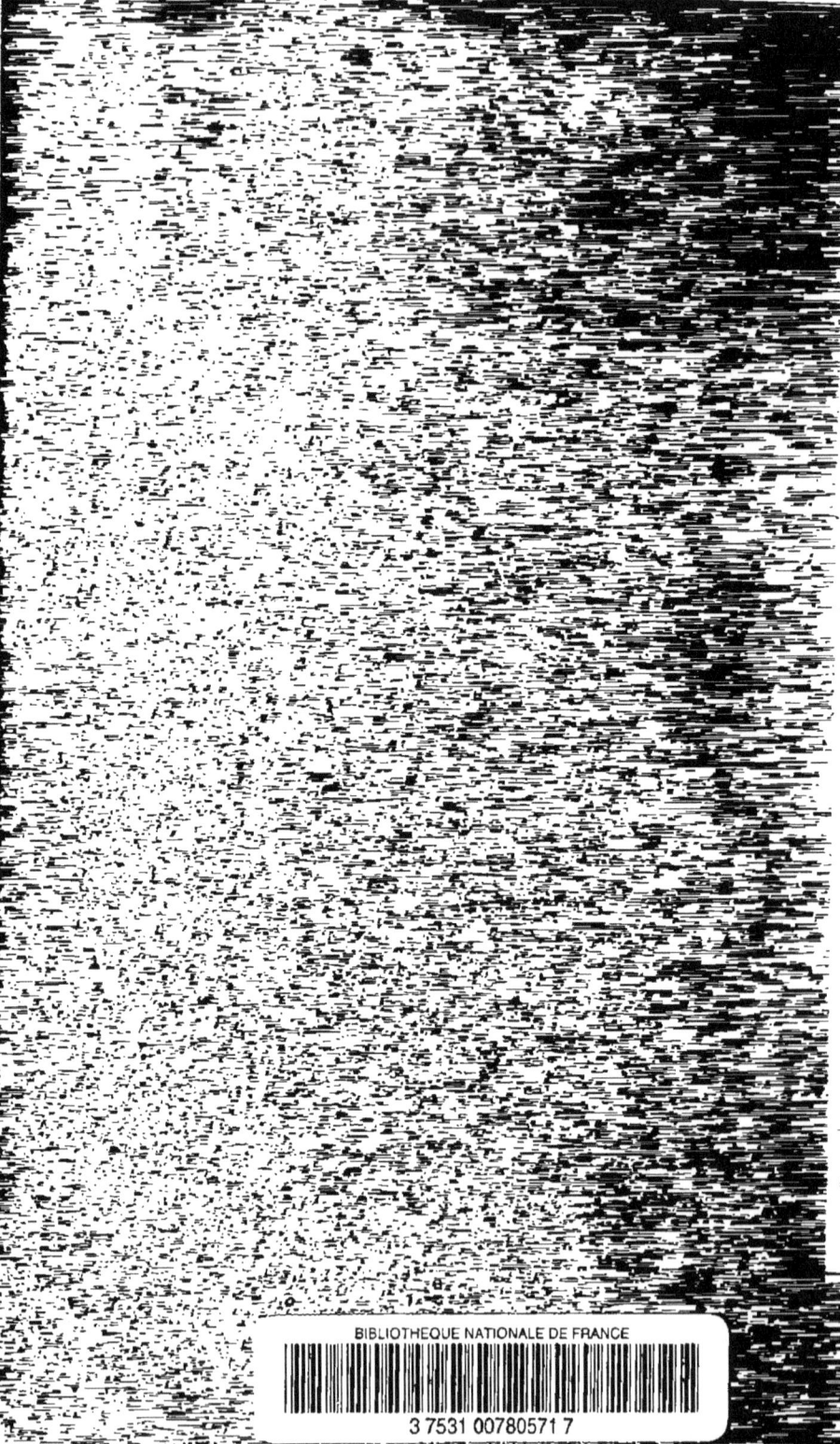

www.ingramcontent.com/pod-product-compliance
Lightning Source LLC
Chambersburg PA
CBHW060524050426
42451CB00009B/1157